Impressum
Verlag: BABADADA GmbH, Nedderfeld 112 , 22529 Hamburg
Geschäftsführer / Verlagsleitung: Harald Hof
Druck: Books on Demand GmbH, In de Tarpen 42, 22848 Norderstedt

Imprint
Publisher: BABADADA GmbH, Nedderfeld 112 , 22529 Hamburg, Germany
Managing Director / Publishing direction: Harald Hof
Print: Books on Demand GmbH, In de Tarpen 42, 22848 Norderstedt

škola

sukuu

učionica
adesua dan mu

dijeliti
kyεmu

186/2

tabla
bɔɔdo

školsko dvorište
sukuu asaase

učitelj, nastavnik
ɔkyerεkyerεni

papir
krataa

pisati
twerε

olovka
twerεdua

pisaći sto
pono

lenjir
susudua

knjiga
nwoma

učenik
sukuuni

torba

baage

pernica

adeε wɔde twerεdua hyε mu

drvena olovka

twerεdua

šiljalo za olovke

adea wɔde sensene
twerεdua ano

gumica

rɔba

blok za crtanje

drɔɔwin nkrataa

crtež

drɔɔwin

kist

adeɛ a wɔde bɔ akaadoo mu

kutija s bojama

akaadoo adaka

makaze

apasɔɔ

ljepilo

aduro a wɔde sɔ nnooma bɔ mu

vježbanka

krataa wɔyɛ dwumadie wɔ mu

domaća zadaća

efie adwuma

broj

nɔma

sabirati

ka bom

oduzimati

te frim

množiti

fabaho

računati

bo ho nkonta

slovo

atwerɛdeɛ

abeceda

atwerɛdeɛ

riječ

asɛm

tekst

atwerɛ

čitati

kan

kreda

chalk

sat

adesua

školski dnevnik

krataa a din ahodoɔ wɔ mu

ispit

nsɔhwɛ

svjedočanstvo

nimdeɛ krataa

školska uniforma

sukuu ataadeɛ

izobrazba

adesua

leksikon

encyclopedia

univerzitet

suapon kɛseɛ

mikroskop

afidie a wɔde hwɛ adeɛ
aniwa ntumi nhunu

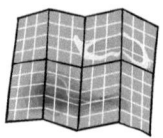

karta

asaase mfonin a ɛwɔ krataa
so

korpa za papir

kɛntɛn a wɔde krataa na ayɛ
a wɔde nwura gu mu

putovanje
akwantuo

hotel
ahomegyebea
hostel
atenaeɛ
ROOMS
mjenjačnica
baabi aa yɛsesa
kofer
baage a wɔde nnoɔma gu mu
auto
kaa

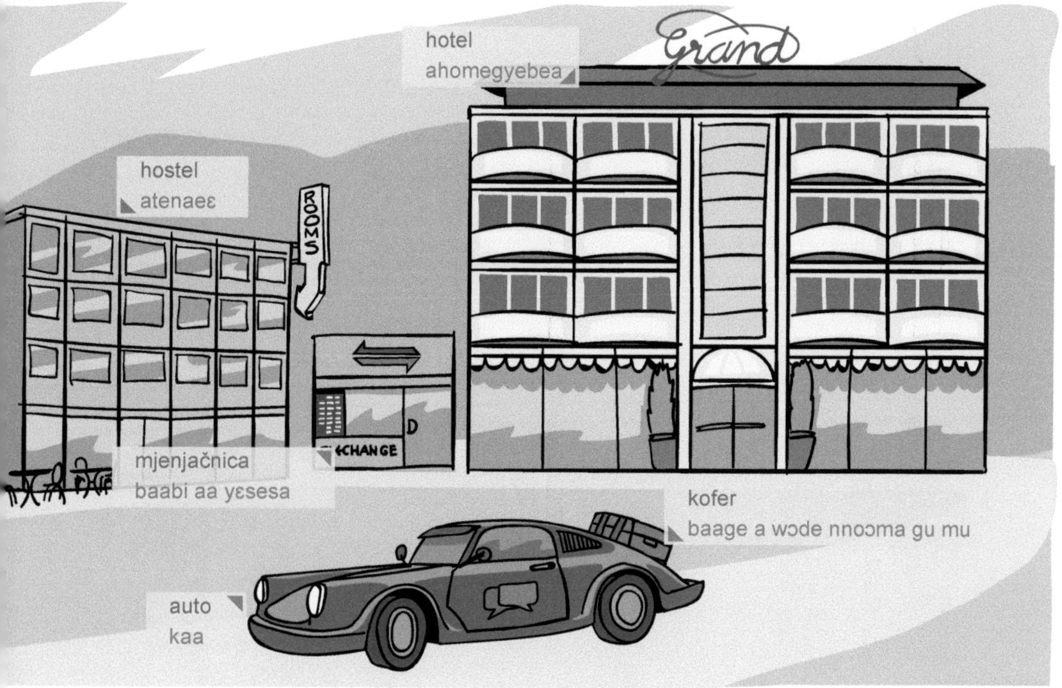

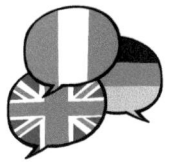

jezik
kasa

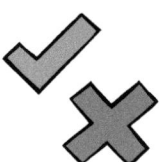

da / ne
aane / daabi

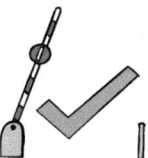

okej
Yoo

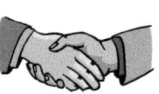

zdravo
hɛlo

tumač
deɛ wɔkyerɛkyerɛ kasa ase

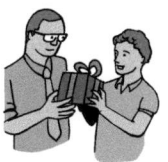

hvala
Medaase

Koliko košta...?

... εyε sɛn?

Ne razumijem

Menteaseε

problem

ɔhaw

dobro veče!

Maadwo!

Dobro jutro!

Maakye!

Laku noć!

Da yie!

doviđenja

nante yie

smjer

akwankyerɛ

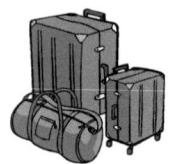

prtljag

nnooma a wɔde tu kwan

torba

kɔtɔkuo

ruksak

baage a yɛde bɔ yakyi

gost

ɔhɔhoɔ

soba

danmu

vreća za spavanje

bag a yɛda mu

šator

ntomadan

turističke informacije

adesrafɔɔ nsɛm

plaža

po ano

kreditna kartica

krɛdit kaade

doručak

anopa aduane

ručak

awia aduane

večera

anwumerɛ aduane

putna karta

tikiti

lift

pagya

poštanska markica

agyinahyɛdeɛ

granica

ɛhyeɛ

carina

adwumayɛfoɔ a wɔgyina
aman mmienu hyeɛ so

ambasada

ɔman bi asoeɛ

viza

akwantuo krataa

pasoš

akwantuo krataa

transport
ɛhyɛn

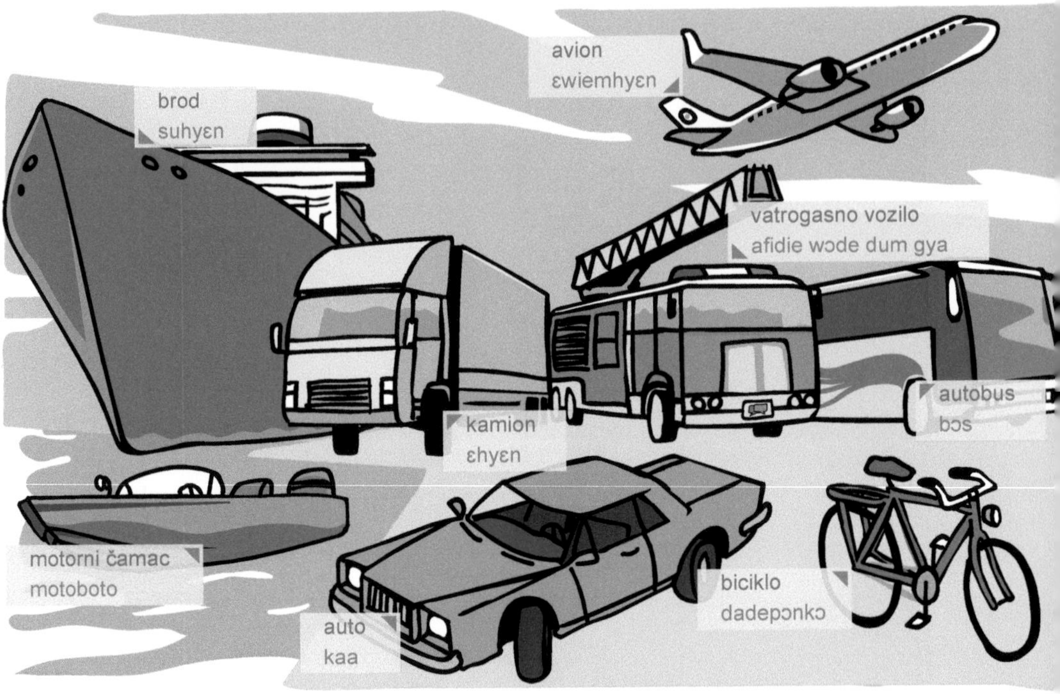
avion
ɛwiemhyɛn
brod
suhyɛn
vatrogasno vozilo
afidie wɔde dum gya
autobus
bɔs
kamion
ɛhyɛn
motorni čamac
motoboto
biciklo
dadepɔnkɔ
auto
kaa

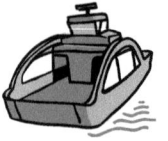

trajekt
subonto

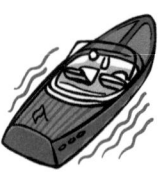

brod
suhyɛn

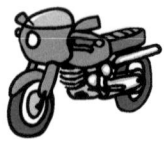

motocikl
dadepɔnkɔ

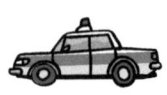

policijski automobil
apolisifoɔ kaa

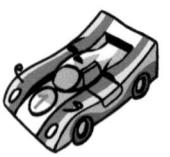

trkaći automobil
kaa a wɔde si akan

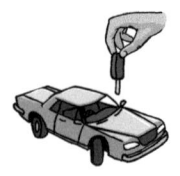

unajmljeni automobil
hyɛn aa yɛ hain

kar-šering

kaa a wɔdɛ ma obi de di dwuma

pauk

kaa a wɔdɛ twe ɛhyɛn a asɛe

smećarsko vozilo

bɔɔla kaa

motor

moto

gorivo

ngo

benzinska pumpa

beaɛ a wɔtɔn pɛtro

saobraćajni znak

trafik ahyɛnsodeɛ

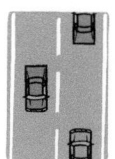

saobraćaj

trafik

zastoj

ɛhyɛn ntumi nkɔ ntɛm

parking

kaa gyinabea

željeznička stanica

keteke steshin

šine

ketekye kwan

voz

ketekye

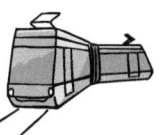

tramvaj

ketekye

vagon

afidie a wɔtena mu wɔ wiem tu kwan

helikopter

ewiemhyɛn

aerodrom

dadeɛanoma gyinabea

toranj

dan tentene

putnik

obi a wɔforo hyɛn

kontejner

adaka

karton

adaka

tačke

teaseɛnam

korpa

kɛntɛn

poletjeti / sletjeti

tu / si fam

grad

kuropɔn

selo

akurase

centar grada

kuropɔn hyiabea

kuća

efie

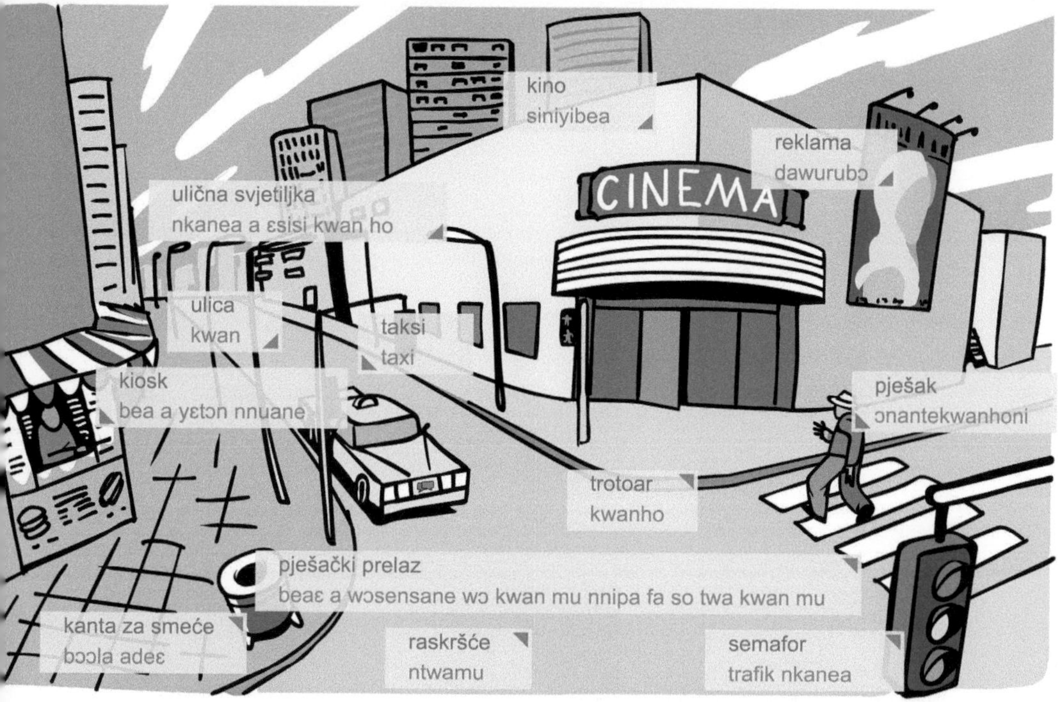

kino
siniyibea

reklama
dawurubɔ

ulična svjetiljka
nkanea a ɛsisi kwan ho

CINEMA

ulica
kwan

taksi
taxi

kiosk
bea a yɛtɔn nnuane

pješak
ɔnantekwanhoni

trotoar
kwanho

pješački prelaz
beaɛ a wɔsensane wɔ kwan mu nnipa fa so twa kwan mu

kanta za smeće
bɔɔla adeɛ

raskršće
ntwamu

semafor
trafik nkanea

koliba

ntaabodan

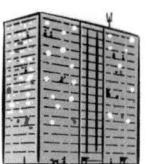

stan

tenabea

željeznička stanica

keteke steshin

vjećnica

kurom nhyiadanmu

muzej

mesiɔm

škola

sukuu

univerzitet

suapon kɛseɛ

banka

sikakorabea

bolnica

asopiti

hotel

ahomegyebea

apoteka

beaɛ a wɔtɔn nnuro

ured

ɔfise

knjižara

beaɛ a wɔtɔn nwoma

radnja

beaɛ a wɔtɔn adeɛ

cvjećara

nhwiren kuani

supermarket

dwakɛseɛmu

pijaca

dwamu

robna kuća

asoeɛ sotɔɔ

prodavač ribe

nnam tɔnfo

trgovački centar

adetɔ beae

luka

suhyɛn gyinabea

park

agodibea

klupa

akonnwa

most

nsamsɔɔ

stepenice

deɛ wɔee foro aborosan

podzemna željeznica

asaasease

tunel

tɔkuro a w'atu no asaase
mu de ayɛ kwan

autobuska stanica

ɛhyɛn gyinabea

bar

nsanombea

restoran

adidibea

poštanski sandučić

krataa adaka

saobraćajni znak

kwan ahyɛnsodeɛ

sat za naplatu parkinga

kaagyinaho meta

zoološki vrt

mmoakurabea

bazen

nsuo a wɔdware mu

džamija

masalakyi

seosko imanje
afuo

zagađenje okoline
ewiem sɛeɛ

groblje
nsamanpɔ mu

crkva
asore

igralište
agodibea

hram
hyiadan

krajolik

asaase

list
ahaban

putokaz
akyerɛkyerɛkwan

putokaz
kwan

livada
sare asaase

kamen
boba

putnik
pipo so foronii

drvo
dua

rijeka
asubɔntene

trava
nsensan

cvijet
nhwiren

dolina

ɛbɔn

brdo

bepɔ

jezero

sutadeɛ

šuma

kwaeɛ

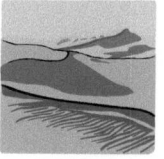

pustinja

ɛserɛ so

vulkan

egya a ɛfiri bepɔ mu ba

dvorac

ahenfie

duga

nyankontɔn

gljiva

mmire

palma

abɛdua

komarac

ntontom

muha

wasena

mrav

ntatea

pčela

wowa

pauk

ananse

buba

kukurubibi

žaba

aponkyerɛnee

vjeverica

opuro

jež

kotoko

zec

adanko

sova

patuo

ptica

anomaa

labud

dabodabo

divlja svinja

kɔkɔte

jelen

wansane

los

torɔm

brana

sutadeɛ

vjetrenjača

mframa tɛɛbain

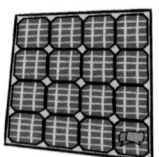

solarni modul

adeɛ ɛtwe anyinam ahoden
firi awia mu

klima

ewiem

konobar
barima a wɔsom wɔ beaɛ a wɔtɔn aduane

jelovnik
aduane ahodoɔ wɔtɔn

stolica
akonwa

supa
nkwan

pica
pizza

pribor za jelo
atere ne nsikan a wɔde didie

stolnjak
ntoma a wɔde kata ɛpono so

predjelo

ahyɛaseɛ

glavno jelo

aduane titriw

desert

nnɔkɔnnɔkwade

piće

nsa

jelo

aduane

flaša

toa

brza hrana

aduane wɔyɛ no ɔhare so

jelo sa ulice

aduana a ɛyɛ kwan ho

čajnik

tea kukuo

šećernica

asikyire kyɛnsen

porcija

fa

mašina za espreso

espresso afidie

barska stolica

akonwa tenten

račun

ka krataa

tacna

apanpan

nož

sikanmoa

viljuška

adinam

kašika

atere

kašičica

tea atere

salveta

ntoma a wɔde sɛ pono so

čaša

ahwehwɛ

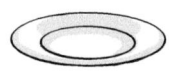

tanjir

plɛɛte

tanjir za supu

nkwan plɛɛte

tanjurić

plɛte ketewa

sos

frɔyɛ

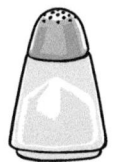

solanik

nkyene kukuo

mlin za biber

adeɛ a wɔde twi mako

sirće

vinegar

ulje

anwa

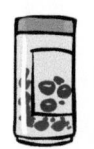 

začini

atosodeɛ

kečap

ketchup

senf

sinapi aba

majoneza

mayonis

supermarket
dwakɛseɛmu

ponuda
akwanya soronko
FOR
klijent
obi a wɔtɔ wadeɛ
mliječni proizvodi
milikyi nnuane
voće
nnuaba
tɔ adeɛ pia berɛ a wɔretɔ adeɛ

BUTCHERS

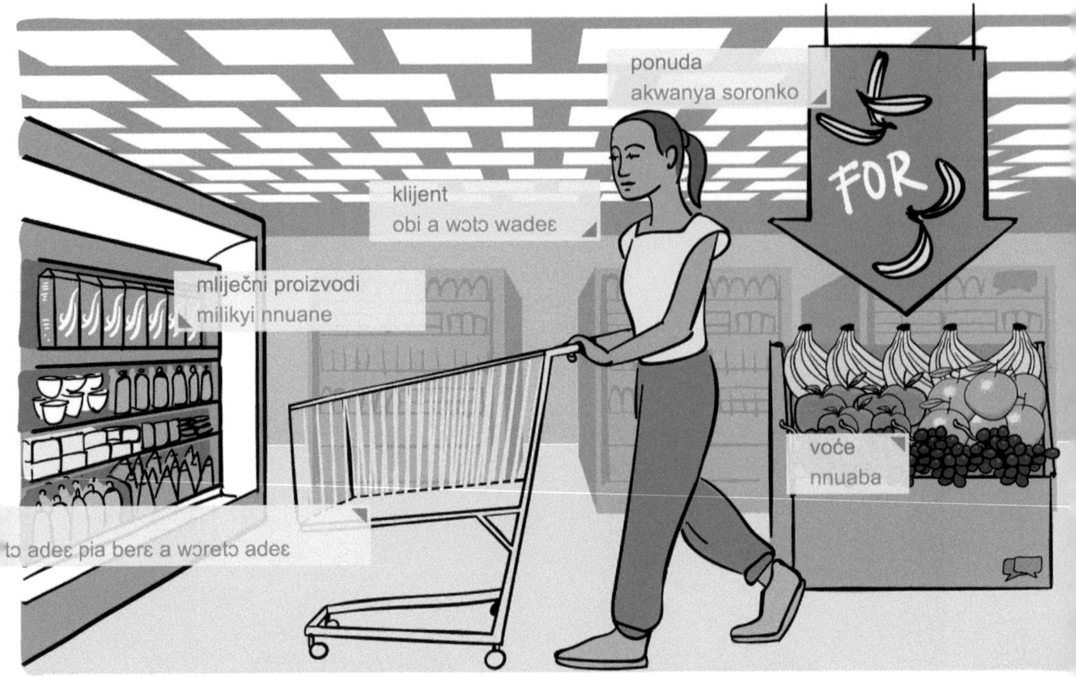

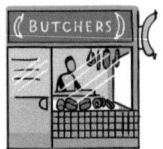

mesnica- klaonica

nnamtwafo

BAKERY

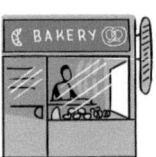

pekara

brodotofo

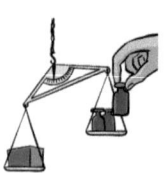

vagati

susu

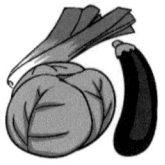

povrće

atosodeɛ

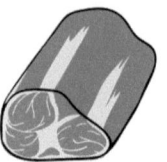

meso

nnam

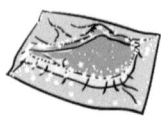

zaleđena hrana

aduane a wɔde ahyɛ sukɔtwea adaka mu

narezak

nnam a yɛy nwunu

konzerve

nnuane a ɛwɔ konku mu

prašak za veš

aduro a wɔde si nnooma

slatkiši

adɔkɔkɔdɔkɔdeɛ

kućanski proizvodi

efie nnooma

sredstvo za čišćenje

nnuro a wɔde hohoro
nnooma ho

prodavačica

adetɔni

kasa

adeɛ a wɔgye sika de gu mu

blagajnik

obi a wɔhwɛ sika so

lista za kupovinu

nnooma a wobetɔ

radno vrijeme

mmerɛ a ɔmo de bue

novčanik

kɔtɔkuo

kreditna kartica

krɛdit kaade

torba

botɔ

najlonska vrećica

roba botɔ

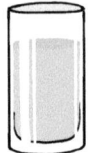

voda

nsuo

sok

aduaba mu nsuo

mlijeko

milikyi

kola

coke

vino

nsa

pivo

beer

alkohol

nsaden

kakao

kookoo

čaj

tea

kafa

kɔfe

espreso

espresso

kapućino

cappuccino

banana

kwadu

jabuka

aprɛ

narandža

akutuo

lubenica

mɛlɔn

limun

akutuo

mrkva

karɔt

bijeli luk

galeke

bambus

mpampuro

crveni luk

gyeene

gljiva

mmire

orašasti plodovi

nkateɛ

pasta

talia

špagete

talia

riža

ɛmo

salata

salad

pomfrit

kyips

pečeni krompir

aborodwomaa w'akye

pica

pizza

hamburger

hamburger

sendvič

sandwiɔh

šnicla

ntwetwade

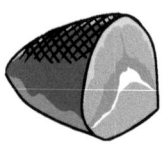

šunka

prɛko nam

kobasica

salami

kobasica

sɔsegye

kokoš

akokɔnam

pečenje

toto

riba

nsuomunam

zobene pahuljice
oats koko

muzli
muesli

kornfleks
cornflakes

brašno
esam

kroason
croissant

zemičke
brodo a yabobɔ

kruh
brodo

tost
ho

keksi
biskit

maslac
bɔta

svježi sir
koko

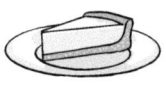

kolač
ɔfam

jaje
kosua

jaje na oko
kosua a yakye

sir
kyeese

sladoled

ise krim

šećer

asikyire

med

ɛwoɔ

marmelada

ɛam

nugat krema

kyɔkolate a wɔde yɛ aduane mu

kuri

kɔri

seosko imanje

afuo

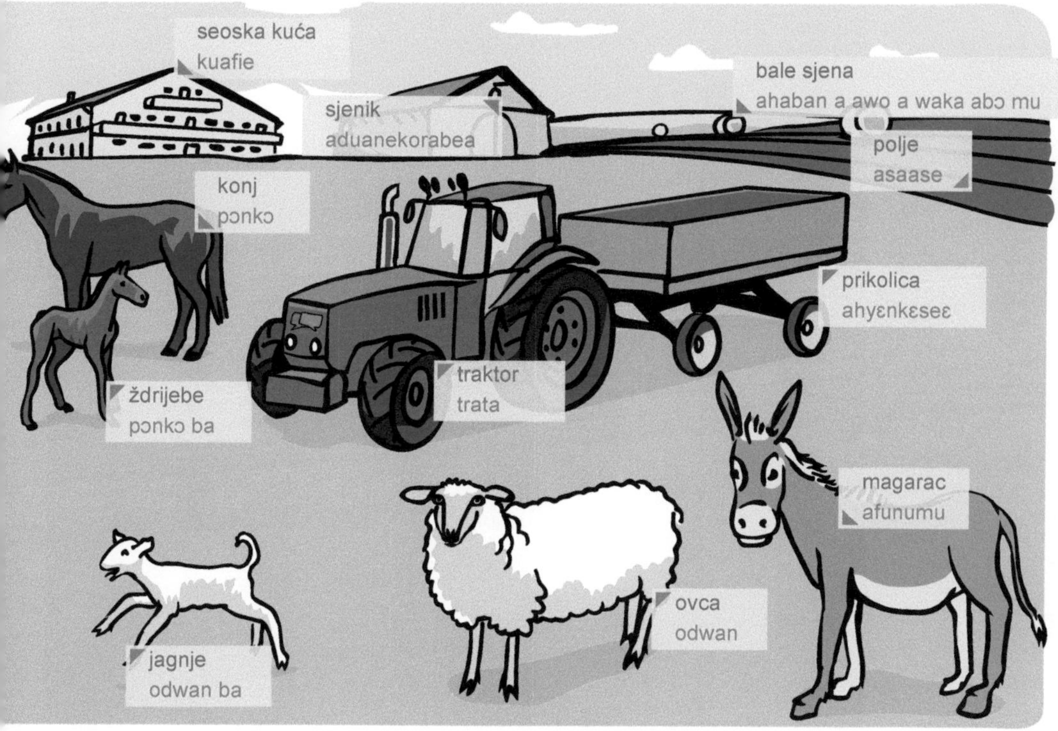
seoska kuća
kuafie
sjenik
aduanekorabea
bale sjena
ahaban a awo a waka abɔ mu
polje
asaase
konj
pɔnkɔ
prikolica
ahyɛnkɛseɛ
traktor
trata
ždrijebe
pɔnkɔ ba
magarac
afunumu
ovca
odwan
jagnje
odwan ba

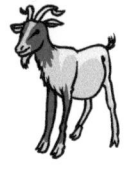

koza

apɔnkye

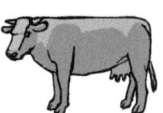

krava

nantwie

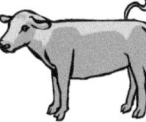

tele

nantwie ba

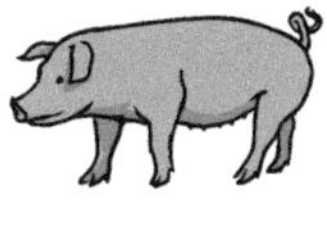

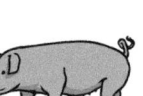

svinja

prɛko

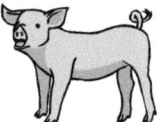

prase

prɛko ba

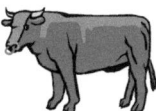

bik

nantwinini

guska
dabodabo

patka
dabodabo

pile
akokɔba

kokoška
akokɔbedeε

pjetao
akokɔnini

pacov
akura

mačka
agyinamoa

miš
akura

vol
nantwi

pas
ɔkraman

pseća kućica
kramanfie

crijevo za baštu
drobεn a wɔde nsuo fa mu
gugu nnɔɔma so

kanta za zalijevanje
toa wɔde nsuo gu mu de
gugu nnɔɔma so

kosa
kantankrankyi

plug
afidie a wɔde funtum
asaase ani

srp

sɔsɔwa

motika

asɔ

vile

fɔoki kɛseɛ

sjekira

akuma

tačke

hweebaro

korito

adea mmoa didi mu

bokal za mlijeko

milikyi konku

vreća

kotoku

ograda

ɛban

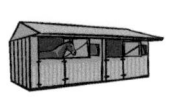

štala

mmoa dan

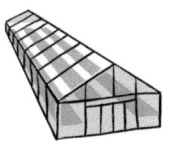

staklenik

nnuaba dan mu

tlo

anwea

sjeme

aba

đubrivo

nnuro a wɔde gu mfudeɛ ho

kombajn

nnuanetwa kaa kɛse

kositi
....
twa

žetva
....
mfudeɛ

jam korijen
....
bayerɛ

pšenica
....
ayuo

soja
....
soya

krompir
....
aborɔdwomaa

kukuruz
....
aburo

uljana repica
....
rapedua aba

drvo voća
....
aduaba dua

manioka
....
bankye

žito
....
aburo aduane

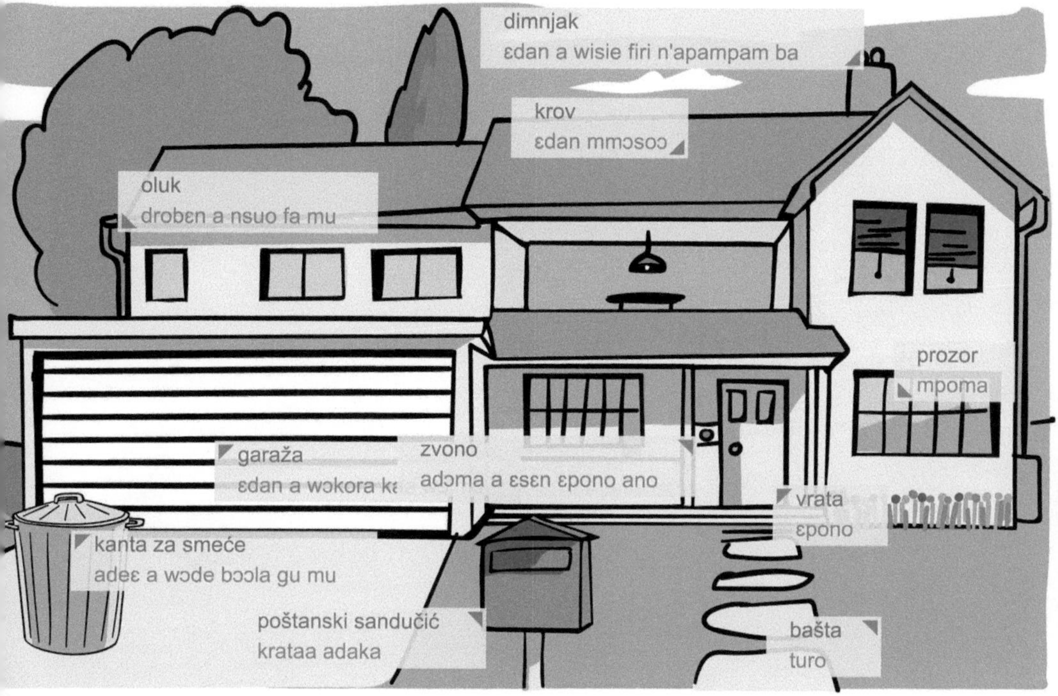

dimnjak
ɛdan a wisie firi n'apampam ba

krov
cɔcɔmuɔcɔɔ

oluk
drobɛn a nsuo fa mu

prozor
mpoma

garaža
ɛdan a wɔkora kɛ

zvono
adɔma a ɛsɛn ɛpono ano

vrata
ɛpono

kanta za smeće
adeɛ a wɔde bɔɔla gu mu

poštanski sandučić
krataa adaka

bašta
turo

dnevni boravak
ɛdan a wɔtena mu

kupatilo
adwareɛ

kuhinja
gyaade

spavaća soba
piam

dječija soba
abɔfra dan mu

trpezarija
ɛdan a wɔdidi wɔ mu

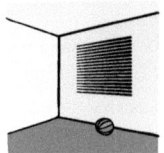

pod, tlo

fam

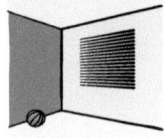

zid

ɛban

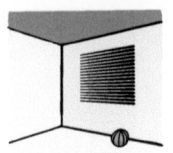

plafon

siilin

podrum

ɛdan a ɛhyɛ fam

sauna

beaɛ a wɔkɔto hyew

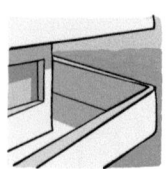

balkon

pɔɔkye

terasa

asaase a wafuntum na
wɔde dua nnɔbaeɛ

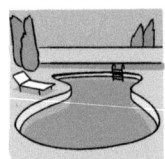

bazen

nsuo a wɔdware mu

kosilica

afidie a wɔde dɔ

posteljina

krataa

pokrivač

nnasoɔ

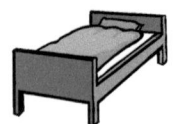

krevet

mpa

metla

praeɛ

kanta

bɔkiti

prekidač

deɛ wɔde sɔ kanea

dnevni boravak
ɛdan a wɔtena mu

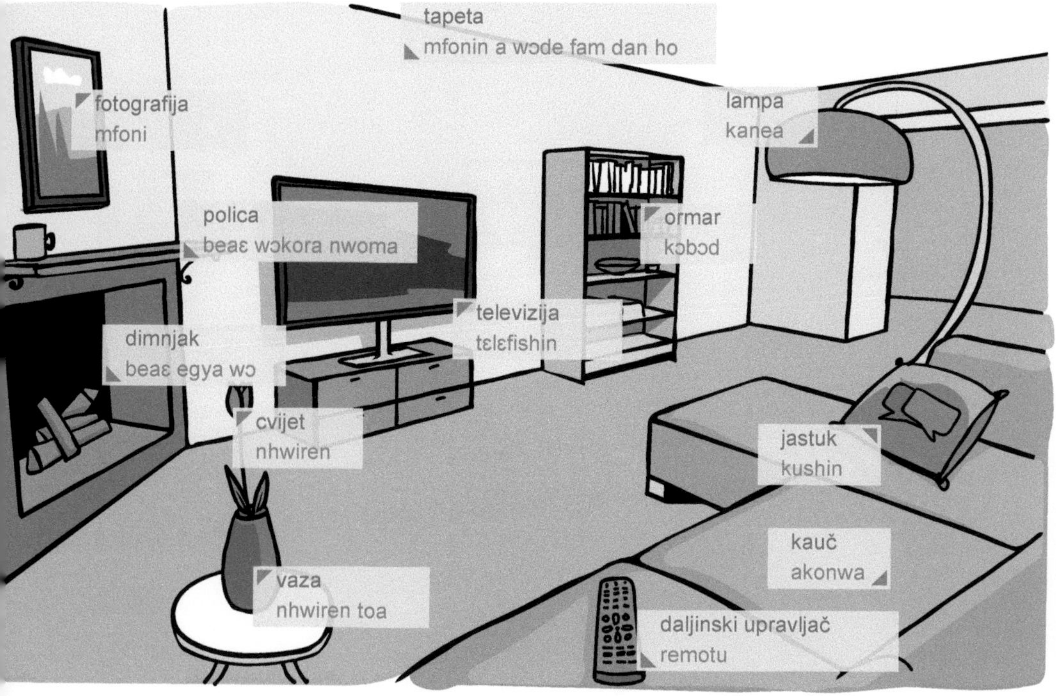
tapeta
mfonin a wɔde fam dan ho
fotografija
mfoni
lampa
kanea
polica
beaɛ wɔkora nwoma
ormar
kɔbɔd
televizija
tɛlɛfishin
dimnjak
beaɛ egya wɔ
cvijet
nhwiren
jastuk
kushin
kauč
akonwa
vaza
nhwiren toa
daljinski upravljač
remotu

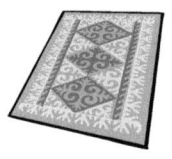

tepih
kapɛt

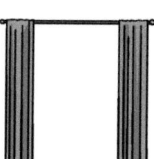

zavjesa
kɛtin

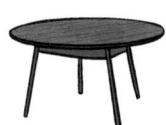

stol
pono

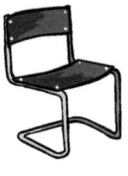

stolica
akonwa

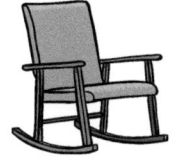

stolica za ljuljanje
akonwa aa ɛkɔ anim ne akyi

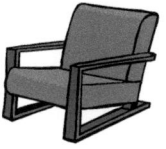

fotelja
nsaakonwa

knjiga

nwoma

deka

kuntu

dekoracija

beaɛ asiesie

ložno drvo

egya

film

mfoni

stereo uređaj

hi-fi afidie

ključ

safoa

novine

dawurubɔ krataa

umjetnička slika

akaado

poster

mfoni

radio

akasanoma

blok za bilješke

nwoma a wɔtwerɛ nsɛmpɔ
gu mu

usisavač

afidie a wɔde pra mfuturo

kaktus

cactus

svijeća

kandele

kuhinja
gyaade

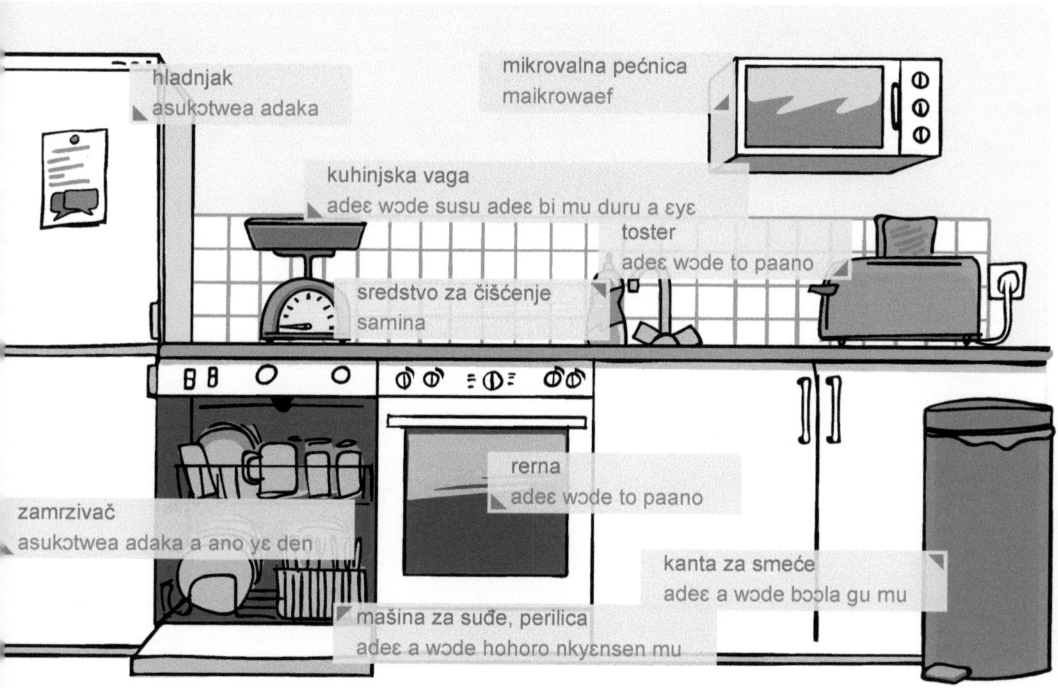
hladnjak
asukɔtwea adaka
mikrovalna pećnica
maikrowaef
kuhinjska vaga
adeɛ wɔde susu adeɛ bi mu duru a ɛyɛ
toster
adeɛ wɔde to paano
sredstvo za čišćenje
samina
rerna
adeɛ wɔde to paano
zamrzivač
asukɔtwea adaka a ano yɛ den
kanta za smeće
adeɛ a wɔde bɔɔla gu mu
mašina za suđe, perilica
adeɛ a wɔde hohoro nkyɛnsen mu

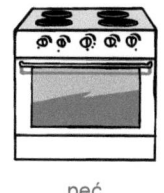

peć
deɛ a wɔde noa aduane

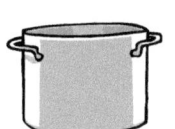

lonac
kukuo

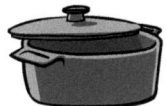

metalni lonac
dadesɛn

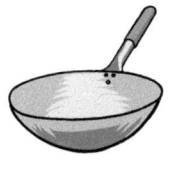

vok / kadai
wok / kadai

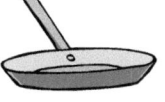

tava, tiganj
pan

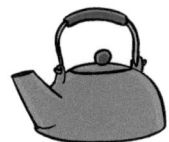

kuhalo
adeɛ wɔde noa nsuo

aparat za kuhanje na pari

nea yɛde ka aduane hye

lim za pečenje

adeɛ wɔto so paano

posuđe

nkyɛnsen a wɔdidi mu

šalica

kuruwa

činija

kyɛnsen

kineski štapići

nnua a wɔde didie

kutlača

kwantere

lopatica

atere

metlica za snijeg bjelanjca

adeɛ wɔde nu adeɛ mu

sito za kuhanje

sɔneɛ

sito

sɔneɛ

ribež

adeɛ a wɔde twi adeɛ

avan s tučkom

waduro

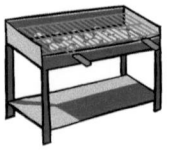

roštilj

adeɛ a wɔde toto nam

ložište

egya a biribiara mmɔ ho ban

daska
εɛ a wɔtwitwa so nnɔɔma

oklagija
adea wɔde twi nnɔɔma

vadičep
adeɛ a wɔde tu toa ano

konzerva
konku

otvarač za konzerve
adeɛ wɔde bie konku so

krpe za lonac
nea yɛde sɔ kukuo mu

sudoper
deɛ a wɔhohoro nkyɛnse
wɔ mu

četka
adeɛ a wɔde twitwi

spužva
sapɔ

mikser
fidie wɔde yam nnuane

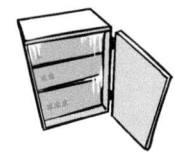

zamrzivač
asukɔtwea adaka a ano yɛ
den

flašica za bebu
abɔfra toa

slavina
nsuo

kupatilo
adwareɛ

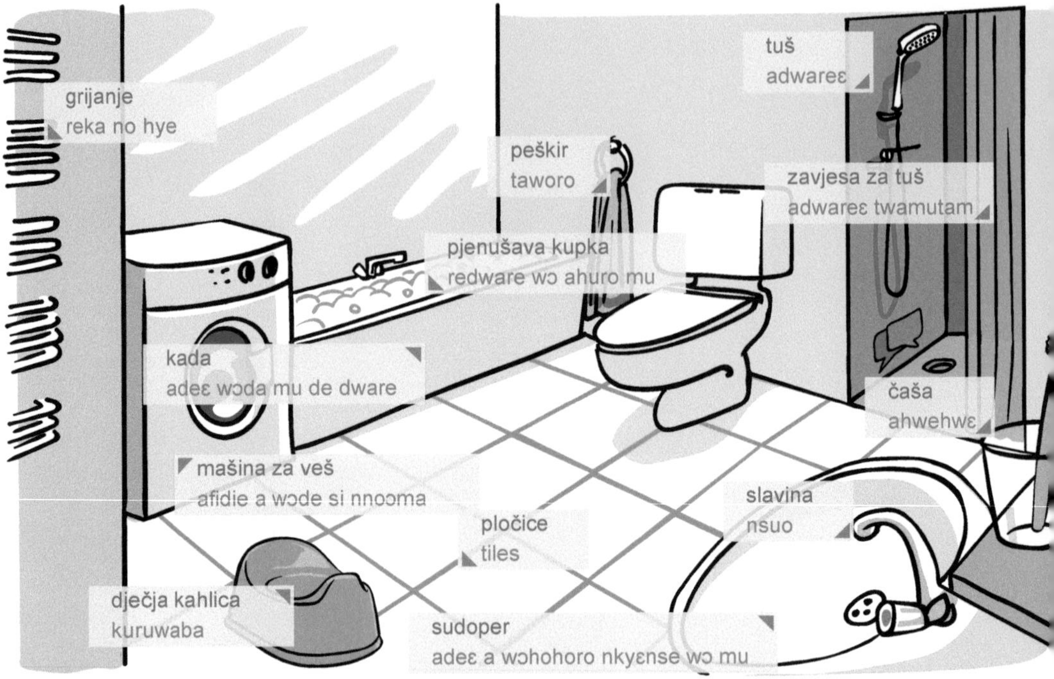

grijanje
reka no hye
peškir
taworo
tuš
adwareɛ
zavjesa za tuš
adwareɛ twamutam
pjenušava kupka
redware wɔ ahuro mu
kada
adeɛ wɔda mu de dware
čaša
ahwehwɛ
mašina za veš
afidie a wɔde si nnooma
slavina
nsuo
pločice
tiles
dječja kahlica
kuruwaba
sudoper
adeɛ a wɔhohoro nkyɛnse wɔ mu

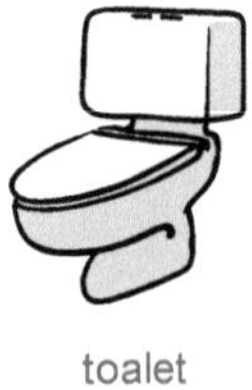

toalet

agyananbea

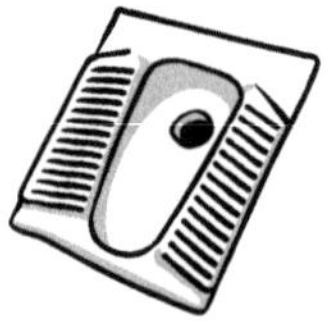

čučavac

agyananbea a wɔkotoso

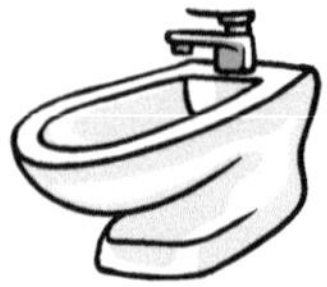

bide

bidet

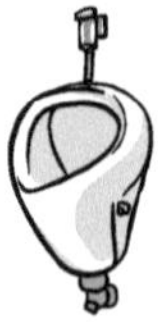

pisoar

dwonsɔbea

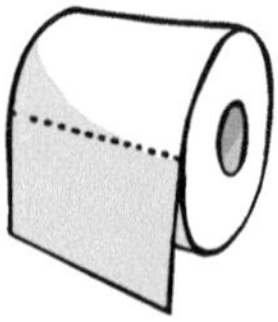

toalet papir

tiafi krataa

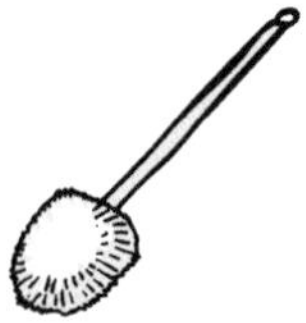

četka za wc

adeɛ a wɔde twitwi agyanbea

četkica za zube

adeɛ wɔde twitwiri ɛse

pasta za zube

aduro wɔde twitwiri ɛse

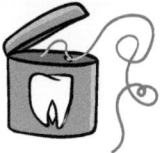

zubni konac

adeɛ wɔde yiyi ɛse ntam

prati

si

tuš

adeɛ wɔsɔ mu de dware

intimni tuš

adeɛ nsuo fa mu na wɔde
hohoro mmaa ase

lavor

deɛ wɔsi nnɔɔma wɔ mu

četka za leđa

adeɛ wɔde twitwi yakyi

sapun

samina

gel za tuširanje

adwareɛ samina

šampon

deɛ wɔde hohoro tirinwii mu

krpe za pranje

ntoma wɔde asaawa na ayɛ

odvod

nsuokwan

krema

nkuu

dezodorans

aduro a wɔde fa mmɔtoamu

ogledalo

ahwehwɛ

ogledalo za šminkanje

ahwehwɛ kumaa

brijač

yiwan

pjena za brijanje

aduro a wɔde yi

vodica poslije brijanja

aduro a wɔde sera beaɛ
wayi

češalj

afe

četka

brɔsh

fen

afidie a wɔde ka nwii ma no
wo

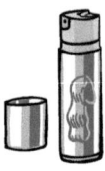

sprej za kosu

adeɛ wɔde aduro gu mu de
gu nwii so

puder

adeɛ wɔde yɛn wɔn anim

karmin

adeɛ wɔde keka ano

lak za nokte

aduro a wɔde ka mmɔwerɛ
so

vata

asaawa

makazice za nokte

apasoɔ a wɔde twitwa
mmɔwerɛ

parfem

aduham

kozmetička torbica
aage a wɔde nnooma gu
mu wɔ adwareɛ

hoklica
akonwa

vaga
afidie a wɔde susu adeɛ bi
mu duro

kupaći ogrtač
ataadeɛ wɔhyɛ berɛ a
wɔrekɔdware

rukavice za čišćenje
adeɛ wɔde hyɛ wɔn nsa a
wɔde rɔba na ayɛ

tampon
adeɛ wɔde twe nsuo firi
pirakuro mu

uložak za dame
ɛ mmaa de siesie wɔn ho
berɛ wɔn abu wɔn nsa

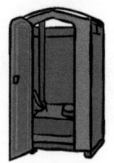

hemijski toalet
agyananbea a wɔde nnuro
kora

dječija soba
abɔfra dan mu

budilnik
berɛkyerɛfoɔ a ɛtumi yɛ dede
plišana igračka
agodiaba a wɔde to wɔn nkyɛn da
auto za igru
kaa agodiaba
zvečka
akasaa
kućica za lutke
beaɛ a wɔtɔn agodiaba pii
poklon
akyedeɛ

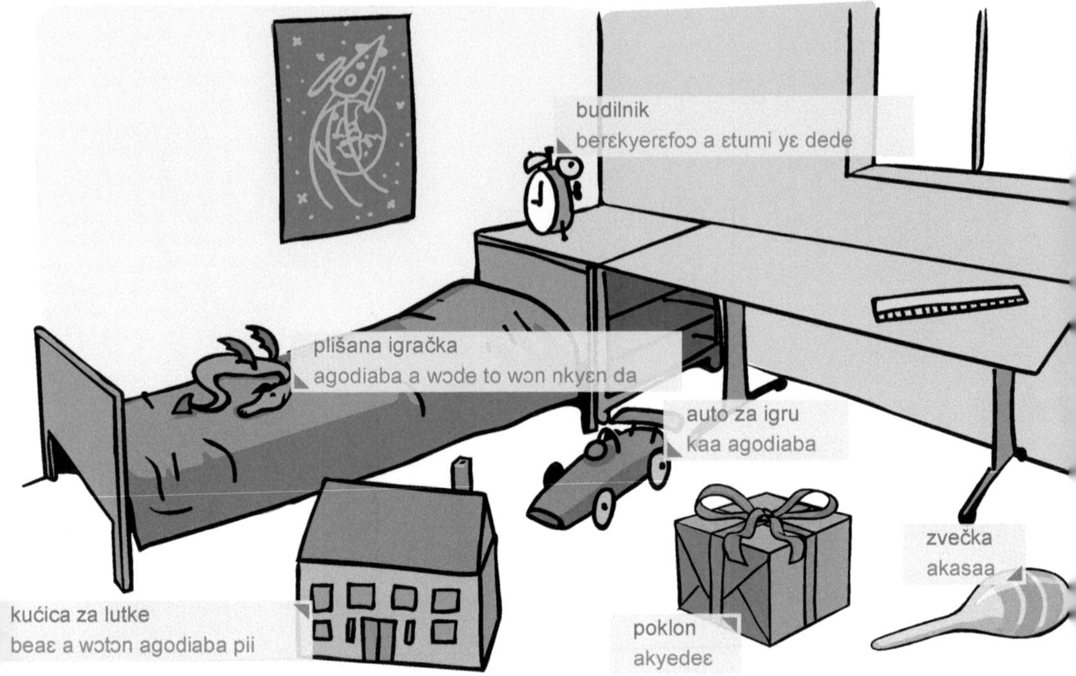

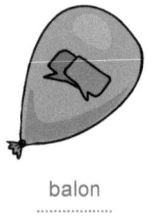

balon

baluu

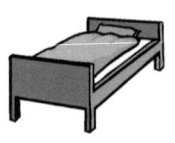

krevet

mpa

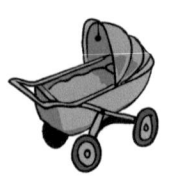

kolica za djecu

adeɛ a wɔde mmɔfra to mu pia wɔn

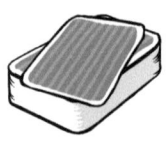

karte za igranje

nkrataa a ɛhyɛ adaka mu

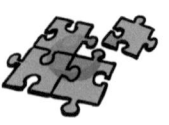

puzle

mfonin asiniasini a wɔkeka si ani hyehyɛ

SUPER MEGA

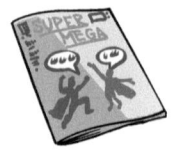

strip

mmɔfra aseresɛm nwoma

lego kockice

lego bricks

kockice za gradnju

bloks a wode si dan

akcione figure

mmofra agodiaba

benkica

mofra ataade a woayε abɔ
mu

frizbi

frisbee

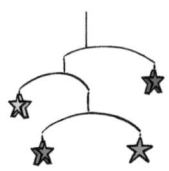

mobile

agodiaba a wode sensεne
mmofra mpa so

igra na ploči

agorɔ a εwɔ pono so

kocka

ludu aba

miniatura željeznice

ketekye ketewa

cucla

deε a wode hyε mmofra
anumu

zabava

apontoɔ

slikovnica

krataa mfonin wɔ mu

lopta

bɔɔlo

lutka

agodiaba

igrati

di agorɔ

pješćanik

adeɛ wɔde anwea agu mu a
mmɔfra di mu agorɔ

ljuljačka

adonko

igračke

agodiaba

konzola za igru

afidie abɛɛfo agodie wɔ so a
wɔbɔ

triciklo

dadepɔnkɔ a ne nan yɛ
mmiensa

medvjedić

sisire agodiaba

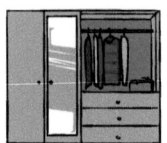

ormar

wɔdrop

kratke čarape

adeɛ a wɔhyɛ ansa na
wahyɛ mpaboa

čarape

ataade tenten a wɔhyɛ wɔ
wɔn nan ho

hulahopke

ataadeɛ a ɛkyekyere deɛ
wahyɛ no

šal
duku

kaiš
abɔɔmu

kišobran
kyiniɛ

majica kratkih rukava
atadeɛ

čizme
mpaboa

papuče
mpaboa

patike
mpaboa

sandale
mpaboa

cipele
mpaboa

gumene čizme
rɔba mpaboa

gaće
drɔs

grudnjak
adeɛ mmaa hyɛ de kora
wɔn nufu

potkošulja
fɛst

bodi

nipadua

hlače

trɔsa

farmerke

gyins

suknja

skɛɛte

bluza

mmaa ataade soro

košulja

ataadesoro

džemper

swata

majica

ataadeɛ a ɛkyɛ wɔ mu

sako

kootu

jakna

ataade ngusɔɔ

mantil

kootu

kišni mantil

ataadeɛ wɔhyɛ berɛ nsuo
retɔ

kostim

ataadehyɛ

haljina

ataadeɛ

vjenčanica

ayifrɔ atadeɛ

odijelo

ataade nkatasɔɔ

spavaćica

ataadeɛ a yɛhyɛ de da

pidžama

pigyamas

sari

sari

marama

duku

turban

duku

burka

aadeɛ Nkramofoɔ mmaa
yɛ na ɛkata wɔn tiri so de
kɔsi wɔn nan ase

kaftan

kaftan

abaja

abaya

kupaći kostim

aadeɛ a wɔhyɛ de dware
nsuo mu

kupaće gaće

nika

kratke hlače

nika

trenerka

traksuit

pregača

ntoma a wɔde kata wɔn
kɔnmu berɛ wɔreyɛ aduane

rukavice

adeɛ wɔde hyɛ wɔn nsa

dugme

batin

naočare

ahwehwɛniwa

narukvica

adeɛ wɔde to wɔn nsa

ogrlica

kɔnmuade

prsten

kawa

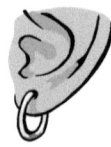

naušnica

asomadeɛ

kapa

ɛkyɛ

vješalica

adeɛ a wɔde kootu hyɛ so

šešir

ɛkyɛ

kravata

abɔɔmenemu

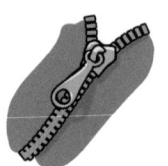

patentni zatvarač

zip

kaciga

ɛkyɛ a wɔhyɛ de twi
motosakre

tregeri za hlače

bresis

školska uniforma

sukuu ataadeɛ

uniforma

ataadeɛ

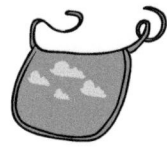

podbradak

deɛ a wɔde gu abɔfra kɔn mu berɛ a wɔredidi

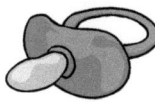

cucla

adeɛ a wɔde hyɛ mmɔfra anumu

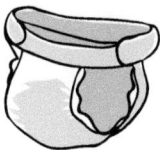

pelene

moase tam

ured

ɔfise

server
sɛva
ormar za kartoteku
adaka a yɛde nkrataa hyɛhyɛ mu
štampač
printa
papir
krataa
monitor
mɔnita
pisaći sto
pono
miš
mouse
registrator
nwoma a wɔde nkrataa hyehyɛ mu
tastatura
keebɔdo
stolica
akonwa
a ayɛ a wɔde nwura gu mu
kompjuter
kɔmputa

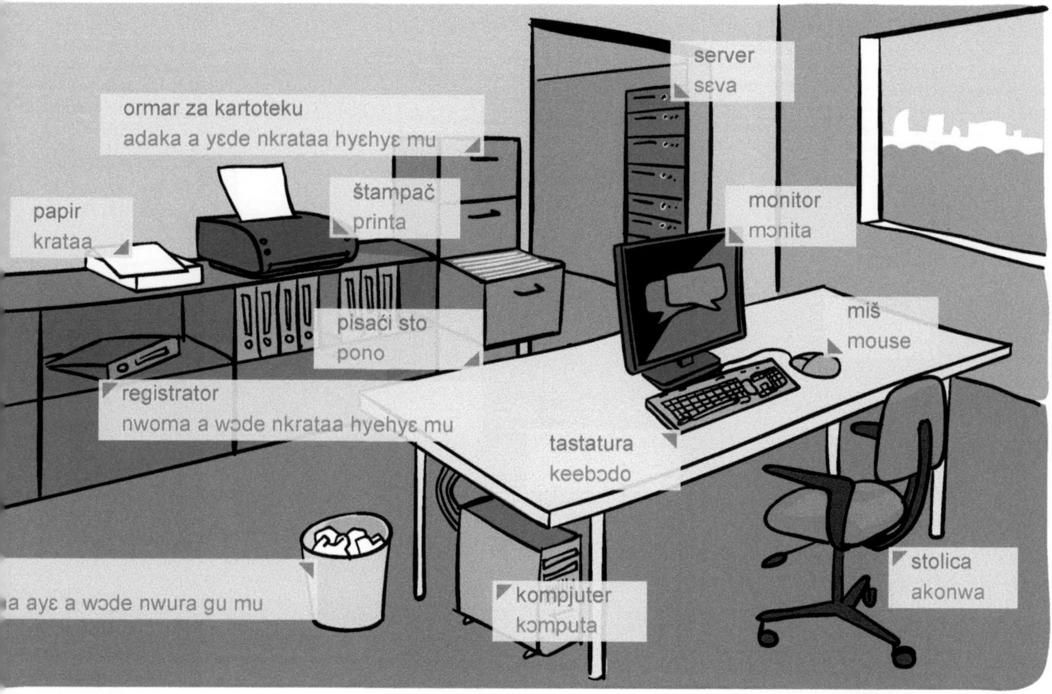

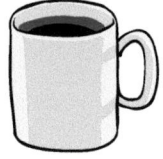

šolja za kafu

kɔfe kuruwa

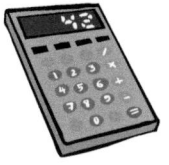

kalkulator

afidie a wɔde bu nkonta

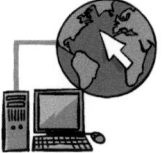

internet

intanɛt

laptop

laptop

pismo

krataa

poruka

nkratɔɔ

mobilni telefon

mobile

mreža

nɛtwɛk

aparat za kopiranje

fotokɔpia

softver

sɔftwɛɛ

telefon

tetefon

utičnica

plɔg sɔkɛti

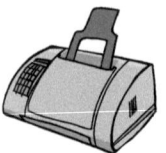

faks

fax afidie

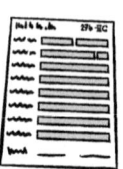

formular

krataa

dokument

krataa

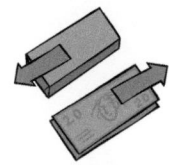

kupovati

to

platiti

tua

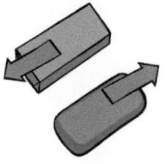

trgovati

ton

novac

sika

USD

dolar

dollar

EUR

euro

euro

JPY

jen

yen

RUB

rublja

rouble

CHF

franak

Swiss franc

CNY

renminbi jen

renminbi yuan

INR

rupi

rupee

bankomat

sikabea

mjenjačnica

baabi aa yɛsesa

zlato

sikakɔkɔɔ

srebro

dwetɛ

nafta

ngo

energija

ahoɔden

cijena

ne boɔ

ugovor

nteaseɛ a ɛwɔ krataa so

porez

ɛtoɔ

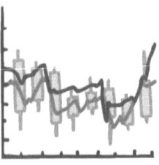

akcija

stock

raditi

yɛ adwuma

službenik

odwumayɛni

poslodavac

obi a wafa obi adwumamu

fabrika

afidihyehyɛbea

radnja

beaɛ a wɔtɔn adeɛ

zanimanja
nnwuma ahodoɔ

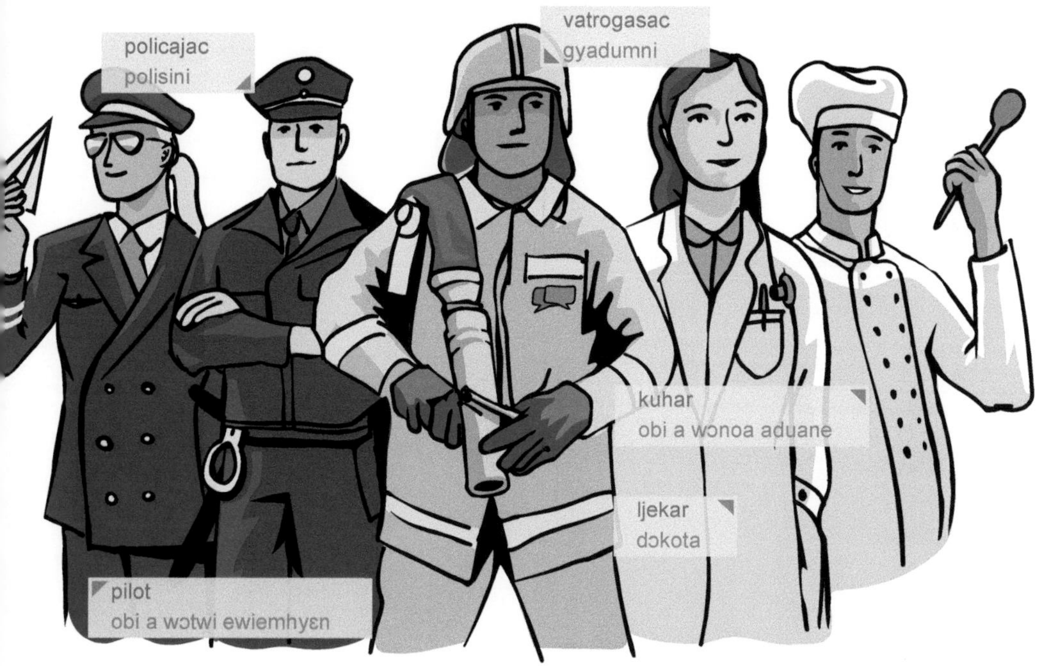
policajac
polisini
vatrogasac
gyadumni
kuhar
obi a wɔnoa aduane
ljekar
dɔkota
pilot
obi a wɔtwi ewiemhyɛn

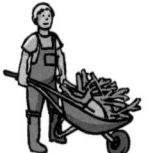

baštovan

kuani

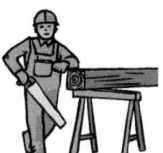

stolar

nnuaseni

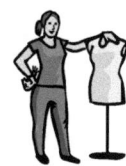

krojačica

ɔbaa a wɔpam adeɛ

sudija

otɛnmuani

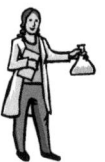

hemičar

dufrani

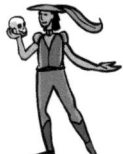

glumac

siniyifoɔ

vozač autobusa

hyɛnkani

vozač taksija

taxi drɔba

ribar

ɔfarifo

čistačica

ɔbaa wɔpopa beaɛ

krovopokrivač

obi a wɔbɔ dan so

konobar

barima a wɔsom wɔ beaɛ a
wɔtɔn aduane

lovac

ɔbɔmɔfo

moler

obi wɔde akaado keka ɛden
ne nnɔɔma aka ho

pekar

brodotofo

električar

obi a wɔyɛ nkaneɛ ho
adwuma

građevinski radnik

dansifo

inženjer

obi a wɔyɛ mfidie akɛseɛ ho
adwuma

koljač

namtɔnfo

limar, vodoinstalater

obi a wɔhyehyɛ drobɛn a
nsuo fa mu

poštar

obi a wɔde nkrataa a
amanfoɔ atwerɛ soma no

vojnik

ɔsrani

arhitekta

obi a wɔyɛ adansie ho adwuma

blagajnik

obi a wɔhwɛ sika so

cvjećar

obi a wɔtɔn nhwiren

frizer

obi a wɔyɛ tire

kontrolor

deɛ wɔgyegye sika wɔ ɛhyɛn mu

mehaničar

obi a wɔsiesie ɛhyɛn

kapiten

panin

zubar

dɔkota a wɔhwɛ se

naučnik

abodeɛmu nyasapɛni

rabin

ɔkyerɛkyerɛni

imam

imam

monah

monk

sveštenik

sofo

alat

akadeɛ

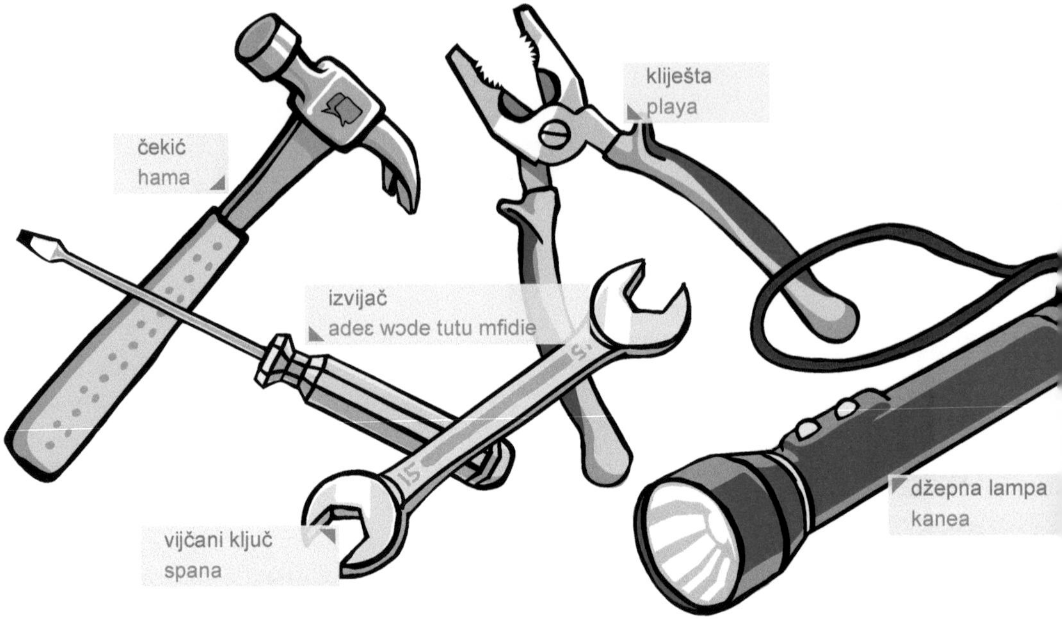
čekić
hama
kliješta
playa
izvijač
adeɛ wɔde tutu mfidie
vijčani ključ
spana
džepna lampa
kanea

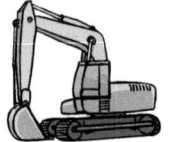

bager

afidie a wɔde tu fam

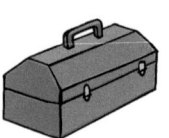

kutija sa alatom

adaka a wɔde nnoɔma a wɔde yɛ adwuma gu mu

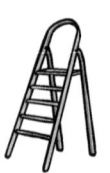

ljestve

atwedeɛ

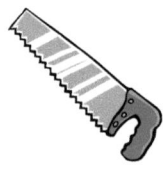

testera, pila

sradaa

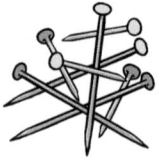

ekser

nnadowa

bušilica

afidie a wɔde mmia nnoɔma mu

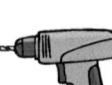

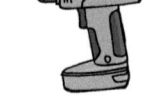

popraviti
siesie

lopata
sɔfi

sranje!
Yieee!

lopatica
asesa nwura

kanta boje
akaado kora

vijak
dadeɛ wɔde bobɔ nnoɔma mu

muzički instrumenti
mfidie a wɔde bɔ nnwom

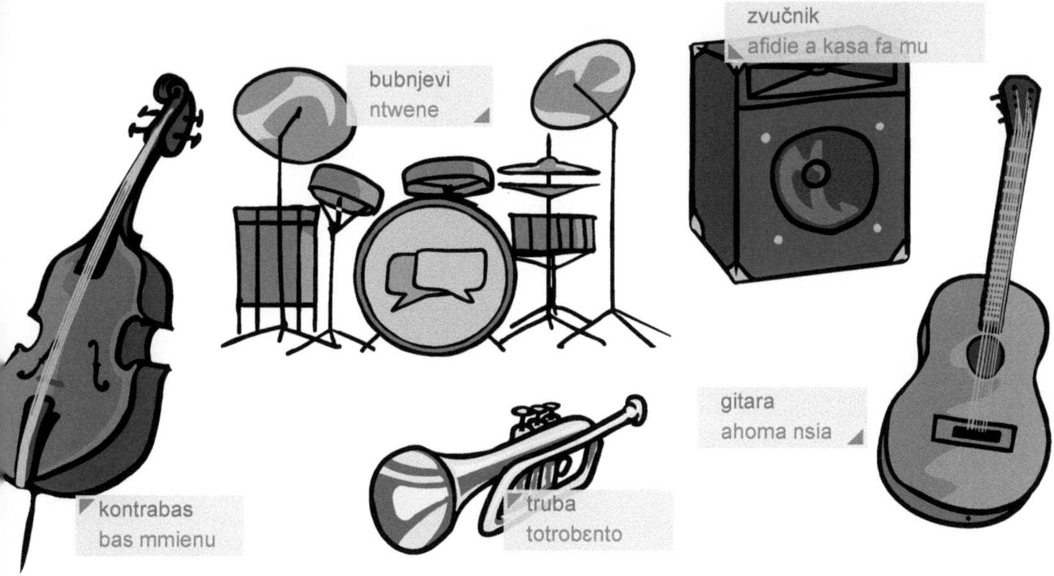

zvučnik
afidie a kasa fa mu

bubnjevi
ntwene

gitara
ahoma nsia

kontrabas
bas mmienu

truba
totrobɛnto

klavir

sankuo

violina

sankuo

bas

ahoma nsia

bubanj timpani

timpani

bubanj

ntwene

sintisajzer

sankuo

saksofon

sasofon

flauta

trobɛnto

mikrofon

akasanoma

zološki vrt
mmoakurabea

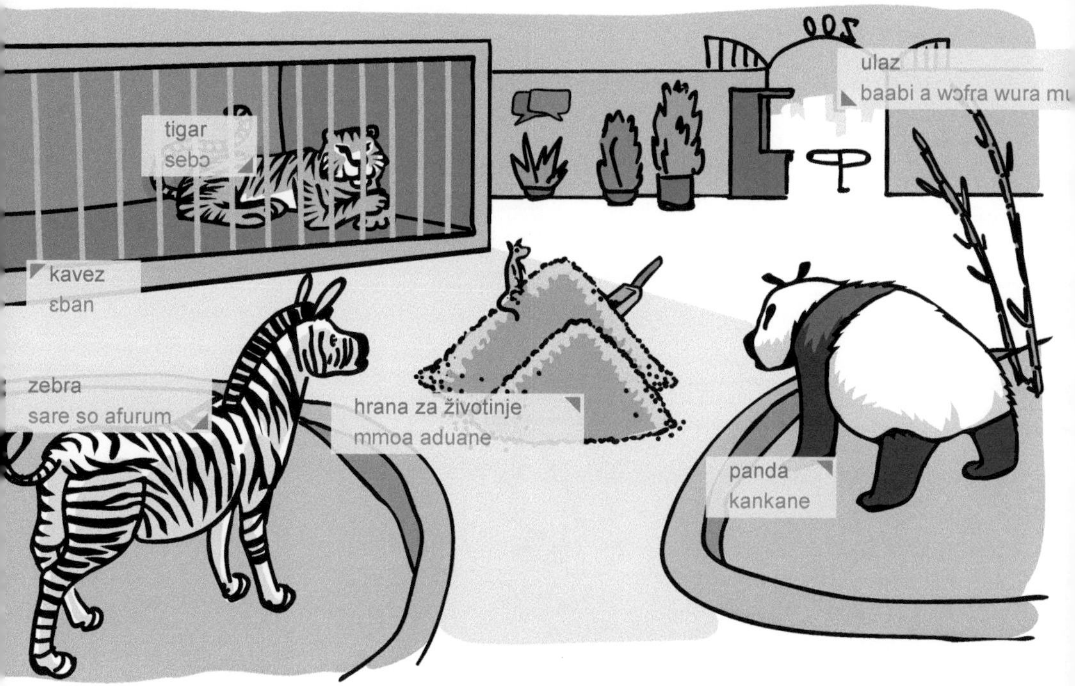

ulaz
baabi a wɔfra wura mu
tigar
sebɔ
kavez
ɛban
zebra
sare so afurum
hrana za životinje
mmoa aduane
panda
kankane

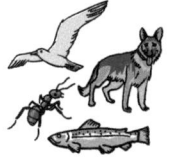

životinje

mmoa

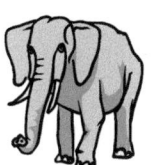

slon

ɔsono

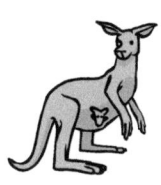

kengur

kangaroo

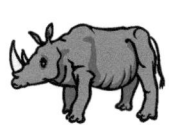

nosorog

bɛnkorɔ

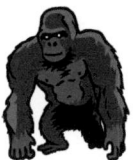

gorila

akaatia

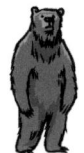

medvjed

sisire

kamila

yoma

noj

sohori

lav

gyata

majmun

kontromfi

flamingo

asukɔnkɔn

papagaj

ako

polarni medvjed

sisire

pingvin

penguin

morski pas

oboodede

paun

kohaa

zmija

ɔwɔ

krokodil

dɛnkyɛm

čuvar u zološkom vrtu

mmoasohwɛfo

tuljan

sukraman

jaguar

sebɔ

poni

ponɔ ketewa

leopard

etwie

nilski konj

susono

žirafa

kontenten

orao

ɔkɔdeɛ

divlja svinja

kɔkɔte

riba

nsuomunam

kornjača

sudanda

morž

sukraman

lisica

sakraman

gazela

adowa

američki fudbal
Amerika bɔɔlo

vožnja bicikla
dadepɔnkɔ twie akansie

tenis
tɛnɛs

košarka
baskɛtbɔɔlo

plivanje
nsuo dwareɛ

boks
akutrukubɔ

hokej na ledu
hɔki a wobɔ no wɔ asuk

fudbal	bedminton	laka atletika
bɔɔlo	badminton	mmirikatuo
rukomet	skijanje	polo
nsa bɔɔlo	asukɔtwea so agorɔ	polo

smijati se
sre

skakati
huri

zagrliti
fam

ići
nante

pjevati
to nwom

sanjati
so daeɛ

moliti
bɔ mpaeɛ

ljubiti
fe ano

pisati

twerɛ

crtati

dwidwi

pokazati

kyerɛ

gurati

pia

dati

ma

uzeti

fa

imati

gye

raditi

yɛ

biti

yɛ

stajati

gyina

trčati

tu mirika

vući

twe

baciti

to

pasti

tɔ fam

ležati

twa ntorɔ

čekati

twɛn

nositi

soa

sjediti

tena ase

obući

hyɛ atadeɛ

spavati

da

probuditi

sɔre

pogledati

hwɛ

plakati

su

milovati

fa wo nsa fefa ho

češljati

nunu wotirim

govoriti

kasa

razumjeti

te aseɛ

pitati

bisa

slušati

tie

piti

nom

jesti

didi

pospremiti

siesie

voljeti

dɔ

kuhati

noa

voziti

ka kaa

letjeti

tu

aktivnosti - dwumadie ahodoɔ

jedriti

ka

računati

bo ho nkonta

čitati

kan

učiti

sua

raditi

yɛ adwuma

vjenčavti

ware

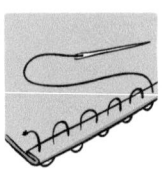

šiti

pam

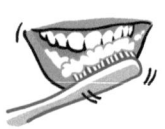

prati zube

twitwi wo se

ubiti

kum

pušiti

hye

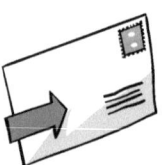

slati

soma

baka
nanabaa

djed
nana barima

otac
papa

majka
maame

beba
abɔfra

kćerka
babaa

sin
babarima

gost

ɔhɔhoɔ

ujna, tetka, strina

sewaa

ujak, tetak, stric

wɔfa

brat

nua barima

sestra

nuabaa

tijelo
nipadua

čelo
moma
oko
ani
leđa
abatire
prst
nsatea
lice
anim
brada
abodweɛ
ruka, šaka
nsa
noga
nan
grudi
nufuoɔ
ruka
abasa

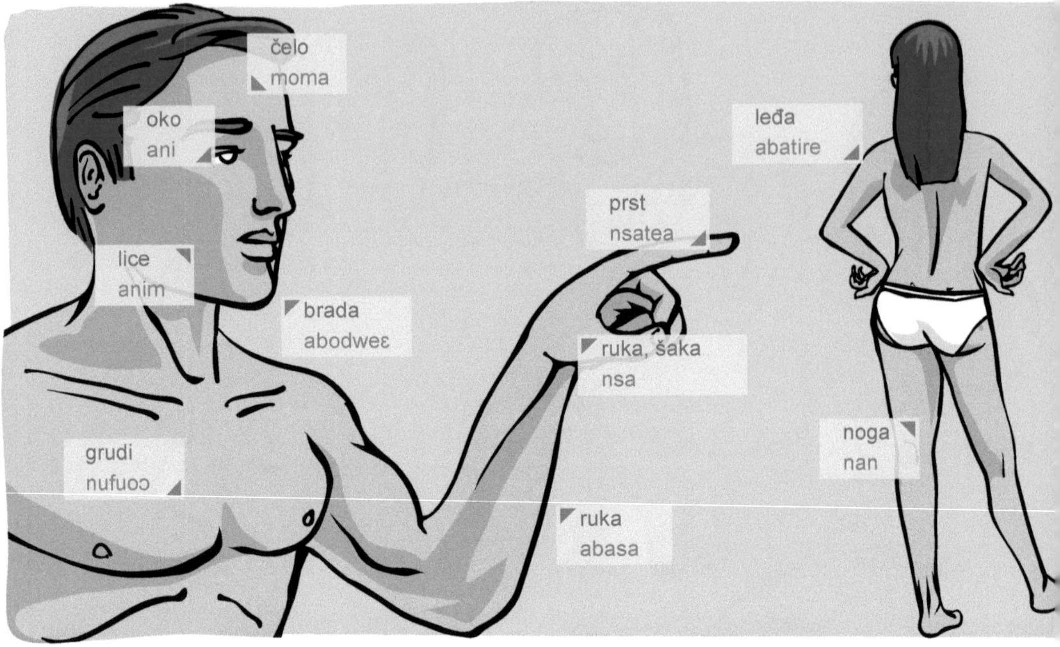

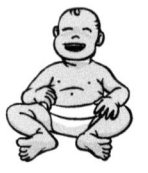

beba
abɔfra

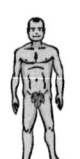

muškarac
barima

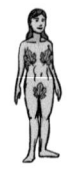

žena
ɔbaa

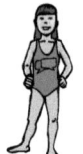

djevojčica
abaayewa

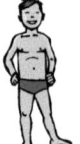

dječak
abarimaa

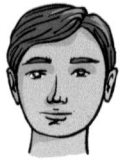

glava
ɛtire

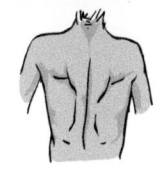

leđa

akyi

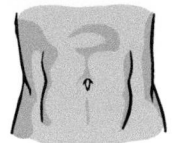

stomak

yafunu

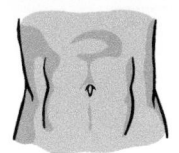

pupak

furuma

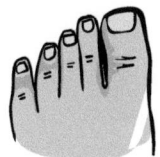

nožni prst

nansoa

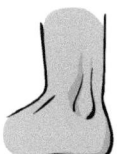

peta

nantini

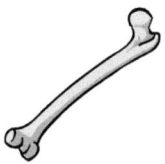

kosti

dompe

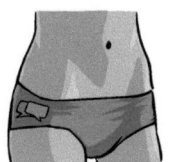

kuk

sisi

koljeno

kotodwe

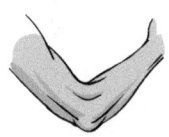

lakat

abatwerɛ

nos

hwene

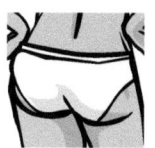

stražnjica

ɛtoɔ

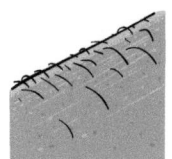

koža

wedeɛ

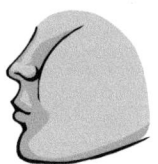

obraz

afono

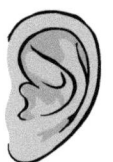

uho

aso

usna

ano

usta

ano

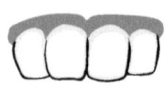

zub

ɛse

jezik

tɛkyerɛma

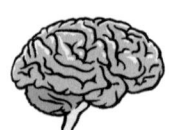

mozak

adwene

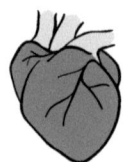

srce

akoma

mišić

honam

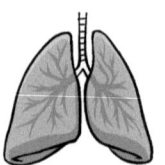

pluća

ahrawa

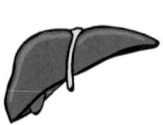

jetra

brɛbɔɔ

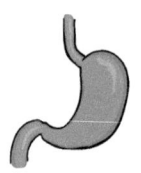

želudac

afuro

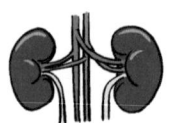

bubreg

sawa

spolni odnos

barima ne ɔbaa nna mu nhyiamu

kondom

kɔndɔm

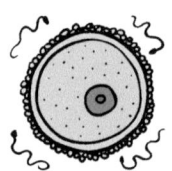

jajna ćelija

nkosua a ɛwɔ obaa mu

sperma

barima ho nsuo

trudnoća

nyinsɛn

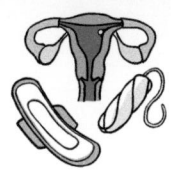

menstruacija
brayɔ

vagina
ɛtwɛ

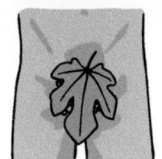

penis
kɔteɛ

obrva
aniakyi nwii

kosa
nwii

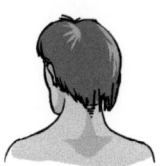

vrat
kɔn

bolnica

asopiti

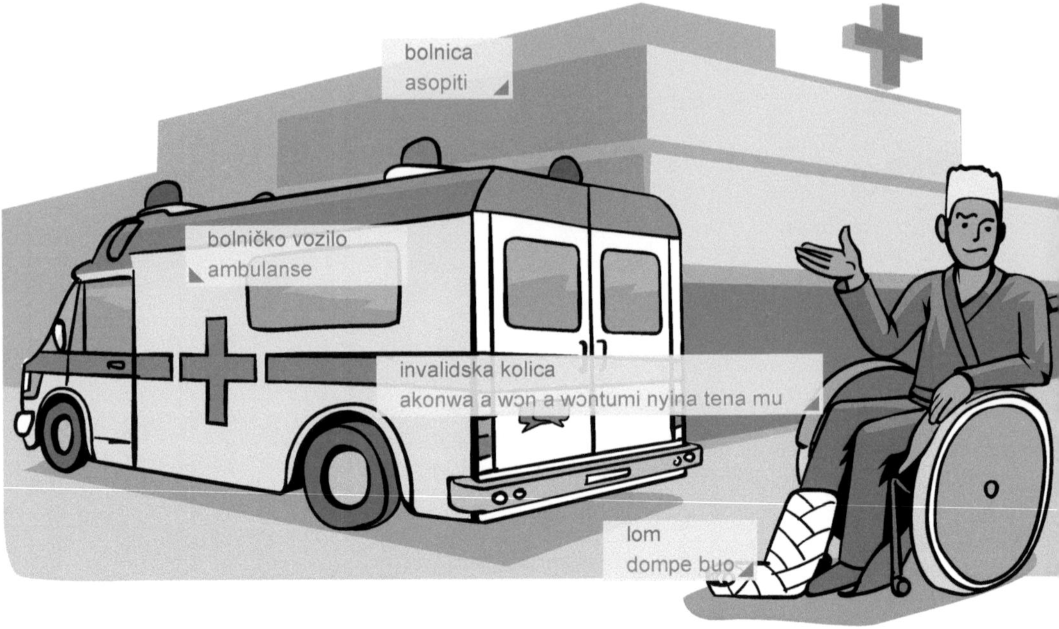

bolnica
asopiti
bolničko vozilo
ambulanse
invalidska kolica
akonwa a wɔn a wɔntumi nyina tena mu
lom
dompe buo

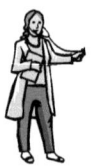

ljekar

dɔkota

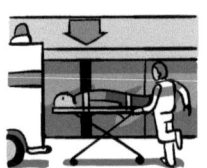

hitna služba

ɛdan a wɔde wɔn a wɔn apira kɔ mu kɔhwɛ wɔn ɔhare so

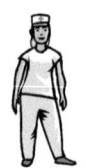

medicinska sestra

nɛɛse

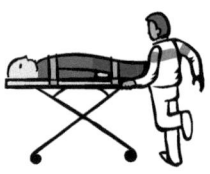

hitna pomoć

putupru

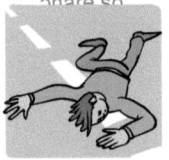

nesvjest

fenti

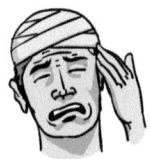

bol

yaw

povreda

pira

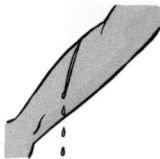

krvarenje

mogyatuo

srčani udar, infarkt

akoma yareɛ

moždani udar

nwodwoɔ yareɛ

alergija

adeɛ wo honam mpɛ

kašalj

ɛwa

groznica

ahoɔhyeɛ

gripa

papu

proljev

ayɛmhwie

glavobolja

tiripayɛ

rak

kokoram

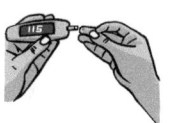

dijabetes

asikyire yareɛ

hirurg

ɔkotani wɔpaepae obi sa
no yareɛ

skalpel

sekamma

operacija

repaepae obi ho asa no
yareɛ

CT

CT

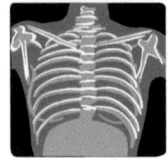

rendgen

x-ray

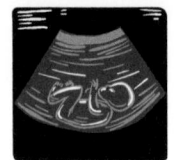

ultrazvuk

mfonin a wɔtwa de hwɛ
awodeɛ mu

maska

anim nkatadeɛ

bolest

yareɛ

čekaonica

dan aa yɛtwɛn wɔ mu

štake

klɔkye

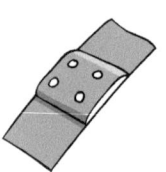

flaster

plasta

zavoj

bandege

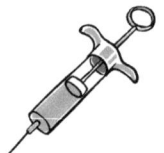

injekcija

paneɛ

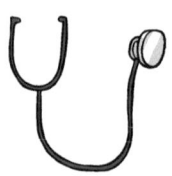

stetoskop

afidie a wɔde tie dede wɔ
nnipa ho

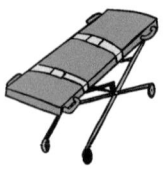

nosilo

mpa

termometar

afidie wɔde hwɛ ahoɔhyeɛ

porod

awoɔ

prekomjerna težina, debljina

kɛseyɛ mmorosoɔ

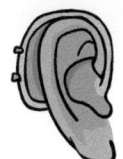

slušni aparat

afidie a ɛboa ma obi te asɛm yie

sredstvo za dezinfekciju

aduro a wɔde ko tia yaremmoa bateria

infekcija

yareɛ nsaeɛ

virus

yaremmoawa

HIV/ AIDS

HIV / AIDS

medicina

aduro

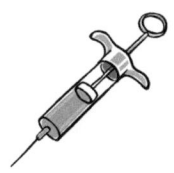

vakcinacija

nsianoaduru paneɛwɔ

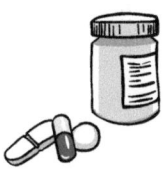

tablete

nnuro a wɔmene

pilula

aduro a wɔmene

hitni poziv

putupru frɛ

aparat za mjerenje pritiska

afidie a wɔde hwɛ sɛdeɛ mogya di aforosane

bolestan / zdrav

yareɛ / ahuɔden

Upomoć!	alarm	napad, prepad
Boa me!	alam	repira obi
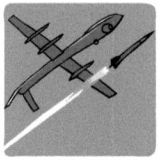		
napad	opasnost	izlaz u slučaju opasnosti
to hyɛ biribi so	amaneɛ	kwan a wɔfa so pue berɛ asɛm asi putupuru

Požar!	vatrogasni aparat	nezgoda
Egya!	adeɛ a wɔde dum gya	akwanhyia
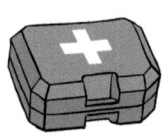		
torba prve pomoći	SOS	policija
mmoa a edikan akadeɛ	SOS	polisi

Europa

Europe

Sjeverna Amerika

North America

Južna Amerika

South America

Afrika

Afrioa

Azija

Asia

Australija

Australia

Atlantik

Atlantic

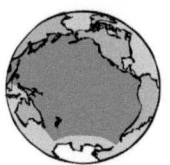

Pacifik

Pacific

Indijski okean

Indian Ocean

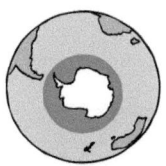

Antarktički okean

Antartic Ocean

Arktički okean

Arctic Ocean

Sjeverni pol

North Pole

Južni pol
South Pole

Antarktik
Atartica

Zemlja
Ewiase

zemlja
asaase

more
εpo

ostrvo
εpoano

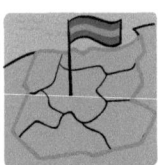

nacija
ɔman

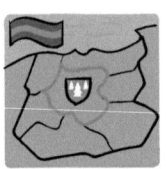

država
ɔman

brojčanik sata

mmerɛ kyerɛfoɔ no anim

kazaljka sata

dɔnhwere nsa

kazaljka minute

sima nsa

kazaljka sekunde

anitɛtɛ nsa

Koliko je sati?

Abɔ sɛn?

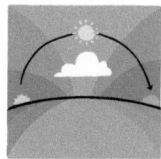

dan

da

vrijeme

mmerɛ

sada

seisei ara

digitalni sat

abɛɛfo mmerɛ kyerɛfoɔ

minuta

sima

sat

dɔnhwere

ponedjeljak
Dwoada

MO

W srijeda
Wukuada

FR petak
Fiada

TU

TH

subota
Memeneda

SA

SO

utorak
Benada

četvrtak
Yawada

nedjelja
Kwasiada

juče
εnora

danas
nnε

sutra
ɔkyena

jutro
anɔpa

podne
awia

veče
anwummerε

radni dani
adwuma nna

vikend
nnawɔtwe awieε

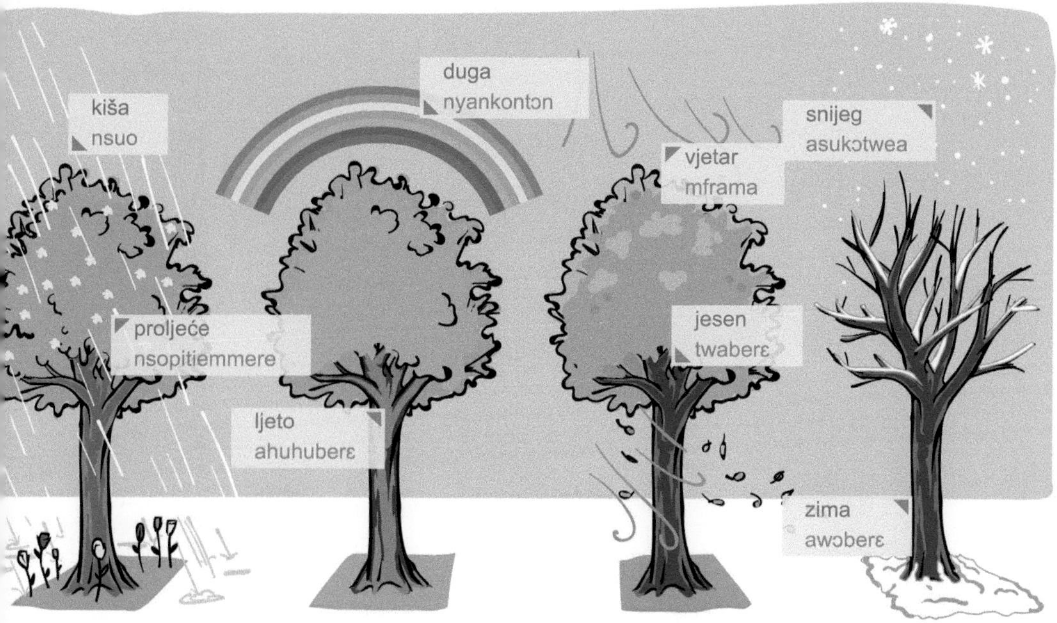

kiša
nsuo

duga
nyankontɔn

snijeg
asukɔtwea

vjetar
mframa

proljeće
nsopitiemmere

jesen
twaberɛ

ljeto
ahuhuberɛ

zima
awɔberɛ

4.APRIL	11°	☀
5.APRIL	4°	☁
6.APRIL	13°	☂
7.APRIL	8°	❄
8.APRIL	10°	☀

prognoza vremena
ewiemu nsesaeɛ

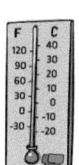

termometar
afidie a wɔde hwɛ ahoɔhyeɛ

sunčev sjaj
awiabɔ

oblak
munumkum

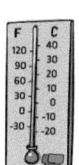

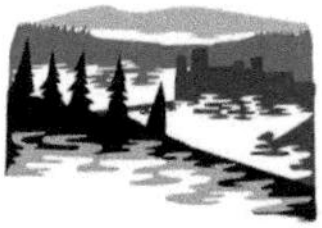

magla
ɛbɔ

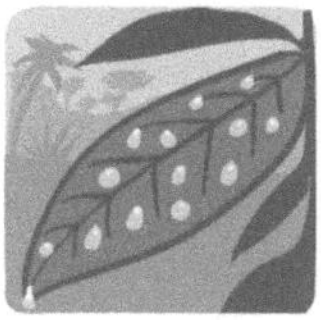

vlažnost vazduha
nsuo a ɛwɔ mframa mu

munja

ayerɛmo

grom

agradaa

oluja

nsuden ne mframa

tuča, led

sukɔtwea

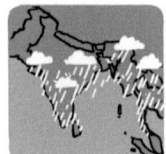

monsun

mframa a ɛde nsuo ba

poplava

nsuyiri

led

asukɔtwea

januar

☐pɛpɔn

februar

☐gyefoɔ

mart

☐bɛnem

april

Oforisuo

maj

Kotonimaa

juni

Ayɛwohumumɔ

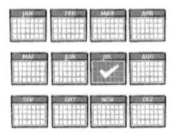

juli

Kitawonsa

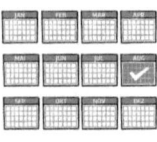

avgust

☐sanaa

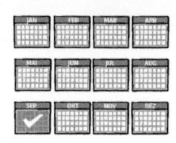

septembar

ɛbɔ

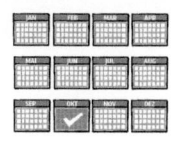

oktobar

Ahinime

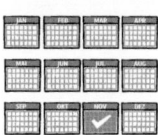

novembar

Obubuo

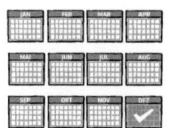

decembar

◻pɛnimaa

oblici
bɔbea

krug

kanko

kvadrat

ahenanan

pravougao

fasene

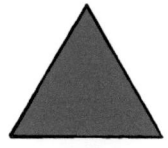

trougao

ahinasa

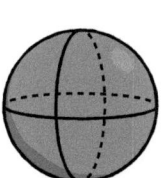

kugla

kanko

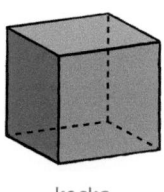

kocka

ahenanan

bjel

fitaa

žut

akokɔsradeɛ

narandžast

akokɔsradeɛ

pink

memen

crven

kɔkɔɔ

ljubičast

beredum

plav

bibire

zelen

ahabanmono

smeđ

dodoeɛ

siv

nson

crn

tuntum

malo / mnogo

bebree / ketewa

ljutit / miran

abufuo / brɛo

lijep / ružan

fɛfɛɛfɛ / tantantan

početak / kraj

ahyɛaseɛ / awieɛ

veliki / mali

kɛseɛ / ketewa

svijetlo / tamno

ɛhyerɛ / ɛdum

brat / sestra

nua barima / nuabaa

čist / prljav

ɛho te / ɛfi

potpun / nepotpun

wawie / onwieeyɛ

dan / noć

anopa / anadwo

mrtav / živ

wawu / ɔtease

široko / usko

emu bue/emu mmueɛ

ukusno / neukusno

yetumi di / yentumi nni

zao / prijatan

bɔne / papa

uzbuđen / dosadan

anigyeɛ / w'ani nka

debeo / mršav

kɛseɛ / hwea

najprije / najkasnije

di kan / ka akyi

prijatelj / neprijatelj

adanfo / atanfo

pun / prazan

ayɛ ma / hwee nnimu

trvd / mekan

dendenden / mrɛmrɛmrɛ

težak / lagan

emu ye duru / emu yɛ ha

glad / žeđ

ɛkɔm / nsukɔm

bolestan / zdrav

yareɛ / ahuɔden

ilegalan / legalan

ɛnfa mmrakwanso / mmrakwanso

inteligentan / glup

nimdifo / gyimifo

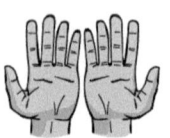

lijevo / desno

benkum / nifa

blizu / daleko

ɛbɛn / ɛmu ware

nov / polovan

foforo / dada

ništa / nešto

ɛnyɛ hwee / biribi

star / mlad

panyin / abɔfra

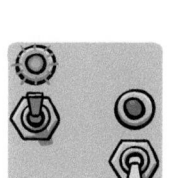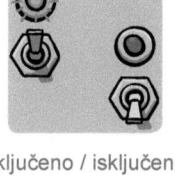

uključeno / isključeno

sɔ / dum

otvoreno / zatvoreno

bue / yatom

tiho / glasno

dinn / dede

bogat / siromašan

sikani / ohiani

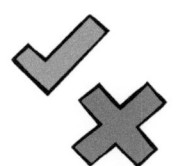

tačno / pogrešno

papa / bɔne

hrapav / glatak

wewerɛwewerɛ / tromtrom

tužan / srećan

awerehoɔ / anigye

kratak / dug

tiatia / tentene

spor / brz

brɛoo / ntɛm

mokro / suho

afɔ / awo

toplo / hladno

ɛyɛ hye / adwo

rat / mir

ntɔkwa / asomdwoe

0

nula

ohunu

1

jedan

baako

2

dva

mmienu

3

tri

mmiensa

4

četiri

nan

5

pet

num

6

šest

nsia

7

sedam

nson

8

osam

nwɔtwe

9

devet

nkron

10

deset

du

11

jedanaest

du-baako

12

dvanaest

du-mmienu

13

trinaest

du-mmiensa

14

četrnaest

du-nan

15

petnaest

du-num

16

šesnaest

du-nsia

17

sedamnaest

du-nson

18

osamnaest

du-nwɔtwe

19

devetnaest

du-nkron

20

dvadeset

aduonu

100

sto

ɔha

1.000

hiljada

apem

1.000.000

milion

ɔpepe

engleski

Brofo kasa

američki engleski

Amerika Brɔfo

kinesko mandarinski

Chinese Mandarin

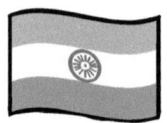

hindi

Hindi

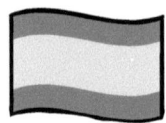

španski

Spanish

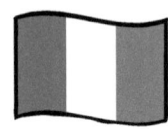

francuski

French

arapski

Arabic

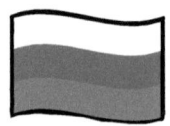

ruski

Russian

portugalski

Portuguese

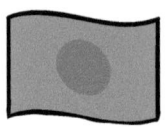

bengalski

Bengali

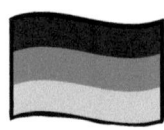

njemački

German

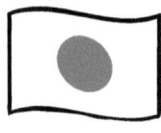

japanski

Japanese

ja

me

ti

wo

on / ona / ono

ɔno

mi

yɛn

vi

wo

oni

wɔn

ko?

hwan?

šta?

aden?

kako?

sɛn?

gdje?

ɛhefa?

kada?

dabɛn?

ime

din

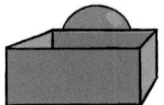

iza

n'akyi

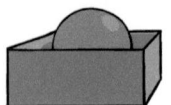

u

ɛmu

pred

wɔ n'anim

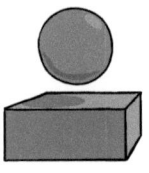

iznad

soro

na

so

ispod

aseɛ

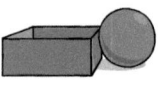

pored

nkyene

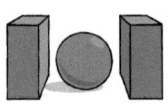

između

ntam

mjesto

fa hyɛ